Les Bourrinologues ont été initialement publiés dans le magazine *Géo Ado*.

Correction : Charles Vitse

1, rond-point du Général-Eisenhower, 31101 Toulouse Cedex 9, France
editionsmilan.com

Dépôt légal : janvier 2022 • ISBN : 978-2-408-03268-5
Achevé d'imprimer au 4 trimestre 2021 par GPS, Slovénie
Plus d'informations sur la fabrication de nos livres :
editionsmilan.com/comment-fabriquons-nous-nos-livres

Tu vides tes étagères et connais déjà ce livre par cœur ? Donne-le !

MIXTE
Papier issu de sources responsables
FSC® C118234

les BOURRINOLOGUES

Lucie Castel • Nicole Augereau • Grégory Jarry

BANDE D'ADOS

TCHAK TCHAK
TCHAK TCHAK
TCHAK
TCHAK
Bonjour, je suis Grégory Bour.
Bonjour, je suis Nickye Rino.
ROOOO
STUDIOS
Bonjour, je suis Lucie Logue.
Bienvenue chez les Bourrinologues !

L'époque dans laquelle nous vivons est extraordinaire !
On assiste en direct à la destruction de l'ensemble du vivant.
Et c'est à l'Humanité qu'on le doit ! C'est pas génial ?
La bourrinologie, c'est l'étude de l'effondrement du vivant.
Nous les Bourrinologues, on scrute à la loupe toutes ces destructions pour vous les présenter !
IRD 2
IRD 1
On est fiers de la planète qu'on laisse aux jeunes générations.
Hé oui, les Bourrinados ! C'est pour vous qu'on fait tout ça !
Euh… c'est bien ici, les Bourrinologues ?
Je suis Jean, le stagiaire de 3e.

Vous culpabilisez quand votre père va chercher son pain en 4X4 ?
Ah nan mais nous on fait tout à pied.
Ça vous embête de jeter vos paquets de chips dans les rivières ?
Ah nan moi je mange des rondelles de carottes.
Avouez qu'il vous fait envie, le dernier téléphone à double écran pivotant !
Ah nan moi j'ai un vieux Nokia, ça me va très bien...
GRETA PRÉSIDENTE
Sans notre mode de vie raffiné, l'Homme ne serait qu'un animal parmi les animaux.
Il est mignon celui-là, j'espère qu'il durera plus longtemps que les autres !
Au fait Jean, as-tu ramené l'attestation d'assurance signée par tes parents ?
Oui je l'ai imprimée sur papier recyclé.
Attention, la bourrinologie est une science hyper dangereuse !
Surtout n'essayez pas tout seul à la maison !
Viens Jean, nous partons au Kazakhstan !
On prend pas l'avion, j'espère ?
GRETA PRÉSIDENTE

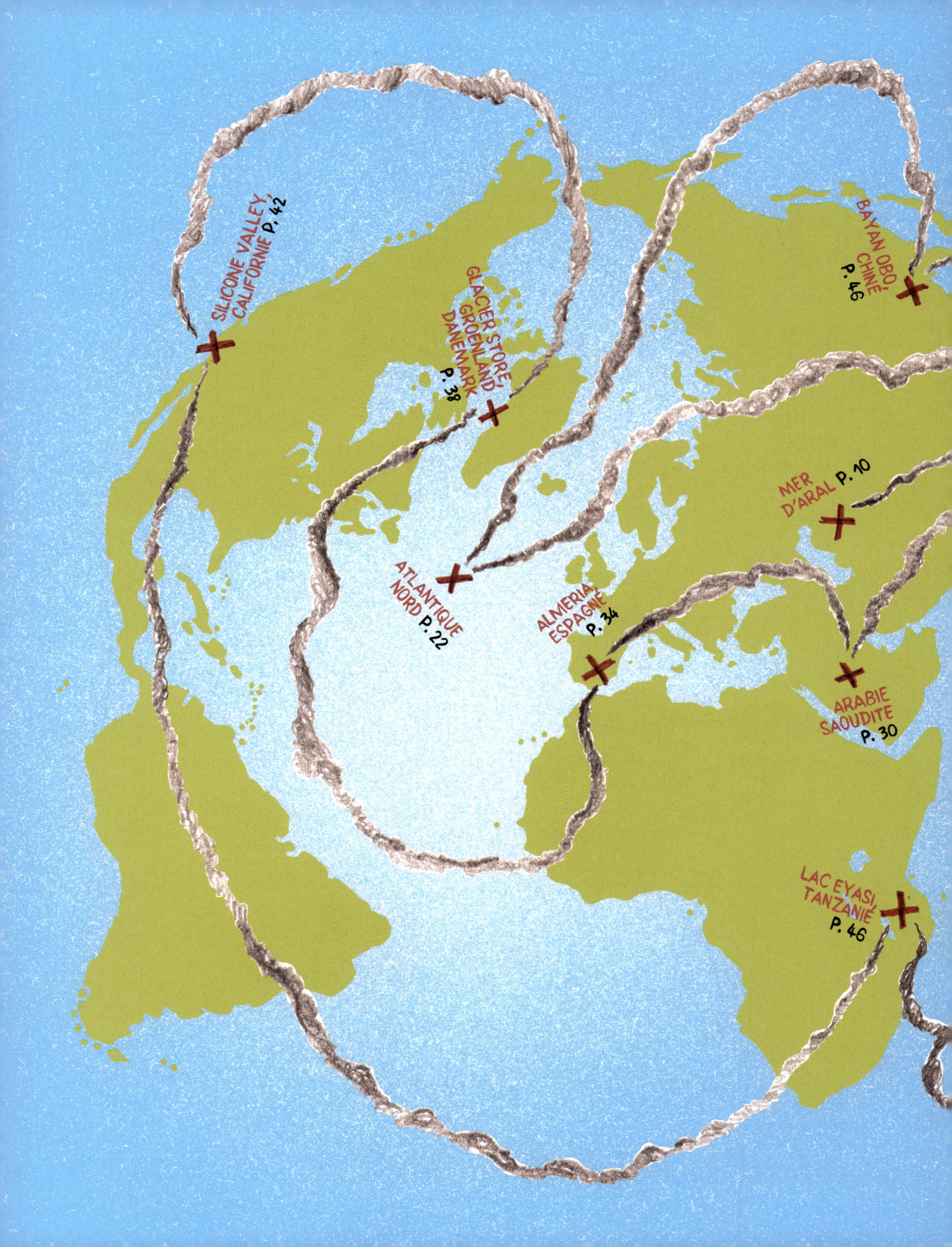
SILICONE VALLEY, CALIFORNIE P. 42
GLACIER STORE, GROENLAND, DANEMARK P. 38
BAYAN OBO, CHINE P. 46
MER D'ARAL P. 10
ATLANTIQUE NORD P. 22
ALMERIA, ESPAGNE P. 34
ARABIE SAOUDITE P. 30
LAC EYASI, TANZANIE P. 46

BORNÉO
P. 18
MALDIVES
P. 14
Il fait quoi le pilote là ?!
On avait dit le B de bourrinologie, c'est pourtant pas compliqué !

EN FINIR AVEC L'EAU DOUCE

Je me trouve avec Leonid Brejnev, dirigeant de l'URSS dans les années 1960.
Bonjour !
Ha oui, l'Union des républiques socialistes soviétiques. On l'a vu en histoire-géo.
Leonid, quels conseils donneriez-vous aux générations futures désireuses d'anéantir une mer intérieure ?
D'abord je dirais qu'il faut une volonté politique.
Attendez, je prends des notes pour mon rapport de stage.
Ensuite il faut une idée motivante. Nous, c'était faire pousser du coton en plein désert.
Du coton et du riz !
C'était bio au moins ?
Qu'est-ce que ça veut dire « bio » ?
Ben… respectueux de l'environnement…
À cette époque ils pensaient plus en termes de rendement…
Da ! À partir des années 1960, l'Ouzbékistan fait pousser du coton à grande échelle !
Qui l'eût cru ? Alors que « Ouzbékistan » veut dire « pays où ne poussent que les gens qui ont des voitures en panne ».

Concrètement, comment fait-on pour vider toute une mer intérieure ?
Ils ont juste détourné les deux grands fleuves qui l'alimentent.
En l'occurrence : l'Amou-Daria et le Syr-Daria.
MER D'ARAL
SYR-DARIA
KAZAKHSTAN
OUZBÉKISTAN
AMOU-DARIA
TURKMÉNISTAN
Ils ont dû faire ça avec une paille géante pour arroser les champs !
Et ça sous nos pieds, c'est une paille ?
Ciel, un barrage !
Une dizaine de barrages et 322 000 km de canaux, ce qui représente des millions de tonnes de béton.
Grâce à ce dispositif, on a fait baisser le niveau de 60 cm par an.
On aurait bien voulu 1 mètre mais on n'y est pas arrivés.
La concentration en sel a tellement augmenté que les poissons ne peuvent plus survivre !
Mais c'est horrible ! Qu'est-ce qu'on est venus faire là alors ?
Regarde, ce monsieur vient exprès de Belgique pour jouer au golf.
C'est plus fun que sur un green !

L'assèchement de la mer d'Aral a permis de faire de l'agriculture intensive sur des centaines de kilomètres à la ronde.
MER D'ARAL
SYR-DARIA
OUZBÉKISTAN
AMOU-DARIA
TURKMÉNISTAN
Et donc d'utiliser des tonnes de pesticides qui se sont répandus dans toute la région.
Ici, le taux de mortalité des enfants est parmi les plus élevés au monde…
Tandis qu'on assiste à une explosion des cancers et des maladies respiratoires.
Haha, génial !
Mais… vous êtes dingues de vous réjouir de trucs pareils !
Jean, ce qui a été fait ici est un exploit !
L'Homme dépasse les limites, pulvérise les records !
Moi, à son âge, je voulais être championne olympique !
VOUS ÊTES COMPLÈTEMENT TARÉS !
Il est tombé dans les vapes, soyez gentille, prêtez-lui votre masque !
Mais qu'est-ce que je vais mettre moi ?
Tout stage de 3e comporte une part de risque. Parlez-en à votre professeur principal !

EN FINIR AVEC LES ÎLES PARADISIAQUES

FE FONT LES TOURIFTES QUI PRODUIGENT LES DÉFETS, BIEN FÛR !
VRRRRR
ILS FONT UN MILLION FAQUE ANNÉE.
BIP BIP BIP BIP BIP BIP
Anna, sais-tu COMMENT ces déchets arrivent ici ?
Dites, ça pue drôlement, non ?
BIP BIP BIP BIP BIP BIP BIP
ÉROSION ET EFFRITEMENT PAR LE VENT ET L'EAU
VOLATILISATION
DÉGRADATION PHOTOCHIMIQUE
POLLUANT
ABSORPTION PAR LES PLANTES
DÉGRADATION CHIMIQUE
SOLUBILISATION DANS LES SOLS
DÉGRADATION MICROBIOLOGIQUE
LESSIVAGE DANS LES NAPPES PHRÉATIQUES
FILTRATION DES SUBSTANCES SOLIDES
ABSORPTION ET PRÉCIPITATION
Pas d'inquiétude, ces vapeurs hautement toxiques sont naturellement produites par les déchets.
BIP BIP BIP
Attention ! La stagiaire !

Hé oui, l'île de Thilafushi est une décharge à ciel ouvert.
Thilafushi
Malé, capitale de l'archipel
Le gouvernement des Maldives a décidé de tout jeter sur une seule île plutôt que sur les 1 199 de l'archipel.
Bonne idée, non ?
Sur l'île de Thilafushi, on peut faire gardien dans la prison là-bas...
Génial !
Nawab, conducteur de camion-benne
... ou travailler dans les réservoirs de pétrole, juste derrière.
Moi j'ai choisi le ramassage des ordures.
Ah, c'est votre petit côté écolo, ça !
VOUS ÊTES DINGUES ! C'EST UN VÉRITABLE ENFER ICI !
De toute façon, les ouragans se chargent de tout nettoyer.

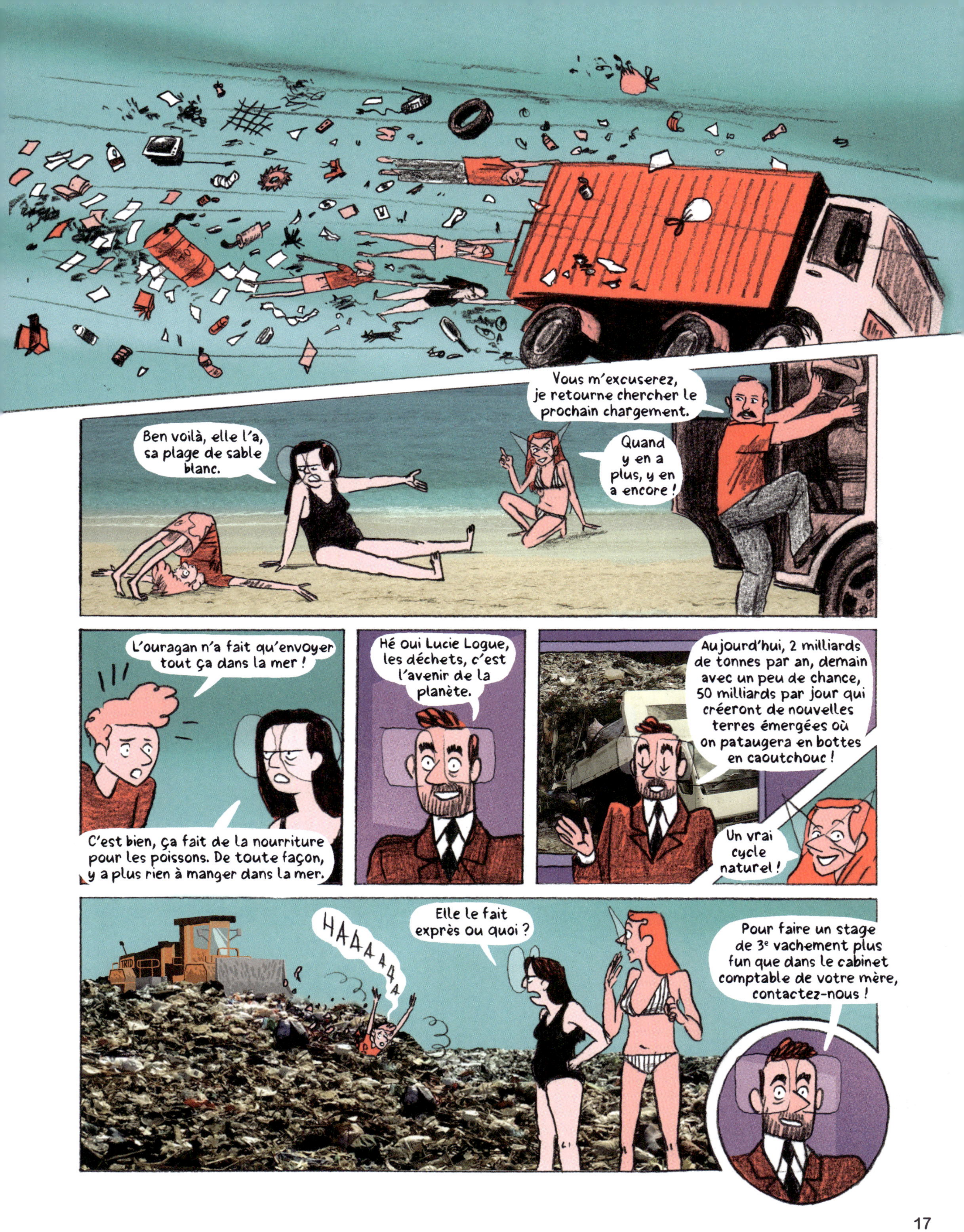
Vous m'excuserez, je retourne chercher le prochain chargement.
Ben voilà, elle l'a, sa plage de sable blanc.
Quand y en a plus, y en a encore !
L'ouragan n'a fait qu'envoyer tout ça dans la mer !
C'est bien, ça fait de la nourriture pour les poissons. De toute façon, y a plus rien à manger dans la mer.
Hé oui Lucie Logue, les déchets, c'est l'avenir de la planète.
Aujourd'hui, 2 milliards de tonnes par an, demain avec un peu de chance, 50 milliards par jour qui créeront de nouvelles terres émergées où on pataugera en bottes en caoutchouc !
Un vrai cycle naturel !
HAAAAAAA
Elle le fait exprès ou quoi ?
Pour faire un stage de 3e vachement plus fun que dans le cabinet comptable de votre mère, contactez-nous !

EN FINIR AVEC LES CHASSEURS-CUEILLEURS

Hé bien justement Lucie Logue, nous nous trouvons devant une machine incroyable en train de transformer cette forêt primaire pas du tout rentable en une nouvelle forêt très très très rentable.
Arg
8 !
La forêt tropicale à la base, c'est des milliers d'espèces végétales entrelacées d'où l'homme moderne se sent exclu...
VRROOO
DZIING
DZIING
Place à une belle forêt de palmiers à huile bien rangés !
Ils sont dingues ! Ils détruisent un écosystème magnifique, ils volent nos terres !
Du calme Alang ! Sais-tu que c'est un mal nécessaire pour que l'on puisse fabriquer de la délicieuse pâte à tartiner au chocolat ?
De la quoi ?
21 !

WOUHA HAÏE !
Un serpent caméléon, l'un des plus venimeux de Sarawak !
Je peux vous soigner si vous voulez !
Ah non surtout pas, je veux être évacué !!
Un peu de pâte à tartiner pour vous donner du courage ?
Grégory, je vous fais mes adieux.
L'hôpital le plus proche est à 48 h de marche.
Prenez du sagou, ça vient du sagoutier, un petit palmier très nourrissant.
Merci M. le préfet !
Ah vous voyez, vous aussi vous exploitez les palmiers !
Avec un hameçon, j'ai tiré le muscle, tranché la partie nécrosée et recousu.
Vous êtes sauvé.
Courage Grégory, vous allez mourir !
AAAAA

Monsieur Taib Mahmud, vous auriez vendu la forêt de Sarawak à de grosses entreprises forestières quand vous étiez Premier ministre.
C'est cela ! Mais encore faut-il le prouver !
Des associations vous accusent d'avoir gagné 15 milliards de dollars, détruit la forêt et chassé les Penans, quelle réussite !
Ah merci, ça fait trop plaisir ! J'ai eu tout ce que je voulais dans ma vie, sauf une chose : la reconnaissance des Penans.
Pourtant grâce à vous, ils ont tous une jolie maison en tôle maintenant !
Il y a un demi siècle, 50 000 Penans vivaient dans la forêt, aujourd'hui il n'en reste plus que 10 000, et seuls 300 vivent encore comme leurs ancêtres.
Prenez des vers du sagoutier, ça va vous requinquer !
345 !
Posez cette sarbacane, c'est pas un jouarrrg !
PUF !
ALANG, JE VAIS TE SAUVER ! IL EST OÙ TON HAMEÇON ?
Chers Bourrinados, pour le stage de 3e le plus dangereux du monde, contactez-nous !

EN FINIR AVEC LA VIE DANS LES OCÉANS

Bientôt, vous allez nous dire que les poissons tombent du ciel !
Dans nos filets, on prend 200 tonnes de poisson par jour, alors on peut pas faire dans le détail !
Ce qui nous intéresse pas, on s'en débarrasse !
C'EST STUPIDE, ILS SONT MORTS POUR RIEN !
Oups ! Désolé mesdames !
VOUS ÊTES DINGUES OU QUOI ?
Eh oui Molly, chaque année, 10 millions de tonnes de poissons sont rejetées par-dessus bord, mais j'ai une bonne nouvelle à t'annoncer : ils sont biodégradables !
Les bateaux-usines prennent à eux seuls 50 % de la pêche mondiale, un bel exploit !
Mais arrêtez, c'est affreux !
OK Molly, pour te faire plaisir, on ne parlera pas de la pêche à l'explosif ni de la pêche au cyanure, qui, en plus des poissons, détruisent les écosystèmes. Tu te sens mieux ?

MAYDAY ! MAYDAY ! MAYDAY ! JE COUUULE !
C'est merveilleux Grégory, vous êtes aspiré dans un vortex de plastique !
Actuellement, 1 800 milliards de déchets plastique s'agglomèrent pour former des plaques flottantes de la taille d'un grand pays.
On a réussi à créer un septième continent, c'est quand même super fort !
Au rythme où ça va, il y aura bientôt autant de plastique dans les mers que de phytoplancton !
Le phytoplancton, ce sont les végétaux microscopiques qui vivent en suspension dans l'eau.
Les poissons qui se nourrissent de phytoplancton sont un peu tête en l'air et le confondent avec les particules de plastique...
Entre un vieux menu qu'on me sert depuis des millions d'années et un nouveau plat multicolore imputrescible, j'hésite pas une seconde !
Les oiseaux et les mammifères marins non plus, figurez-vous !
Bien joué Molly ! Je suis sauvé !
Mais vous Lucie, vous savez que c'est dangereux pour la santé, tandis que ces idiots sont des millions à mourir chaque année par ingestion de plastique !

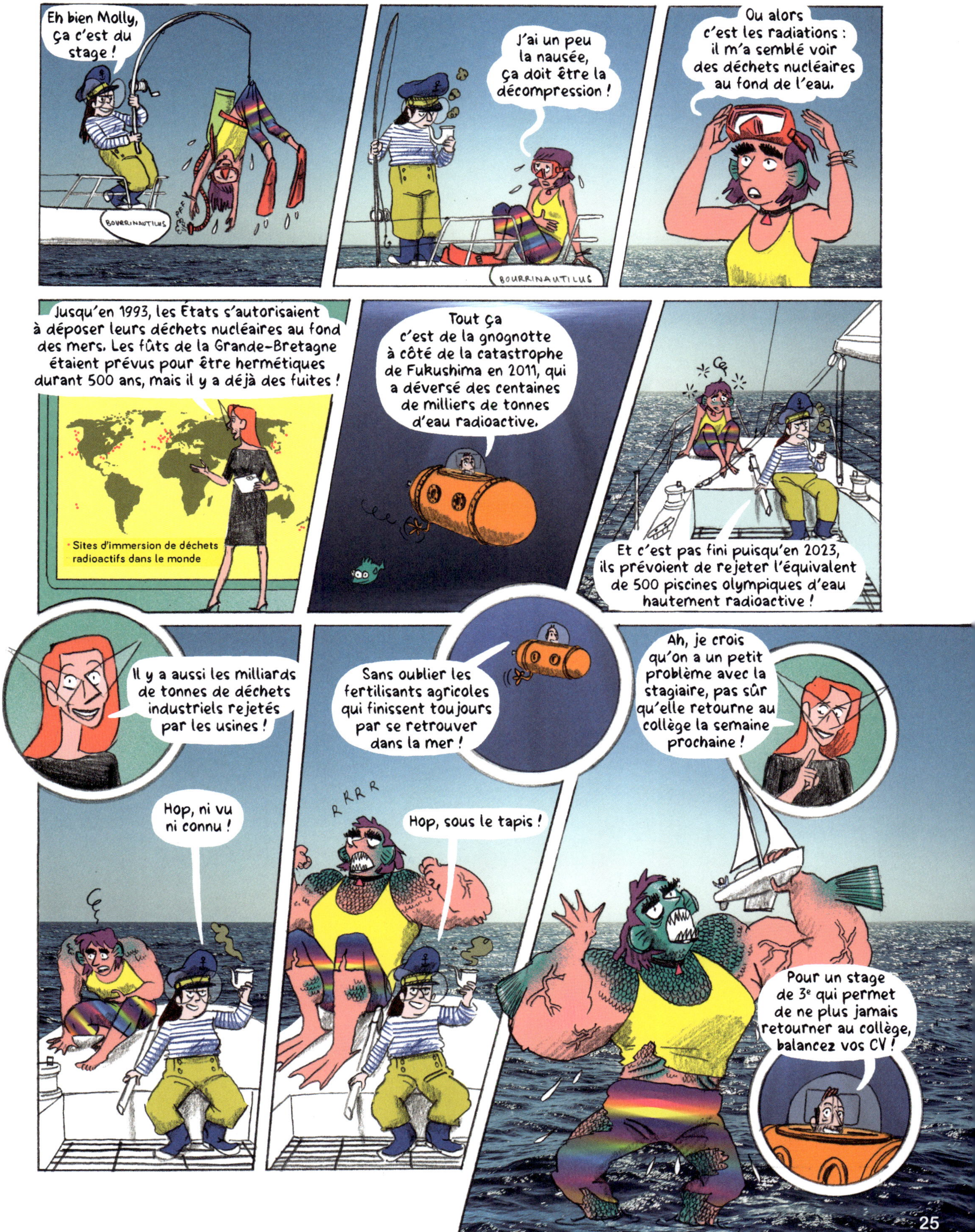
Eh bien Molly, ça c'est du stage !
BOURRINAUTILUS
J'ai un peu la nausée, ça doit être la décompression !
BOURRINAUTILUS
Ou alors c'est les radiations : il m'a semblé voir des déchets nucléaires au fond de l'eau.
Jusqu'en 1993, les États s'autorisaient à déposer leurs déchets nucléaires au fond des mers. Les fûts de la Grande-Bretagne étaient prévus pour être hermétiques durant 500 ans, mais il y a déjà des fuites !
Sites d'immersion de déchets radioactifs dans le monde
Tout ça c'est de la gnognotte à côté de la catastrophe de Fukushima en 2011, qui a déversé des centaines de milliers de tonnes d'eau radioactive.
Et c'est pas fini puisqu'en 2023, ils prévoient de rejeter l'équivalent de 500 piscines olympiques d'eau hautement radioactive !
Il y a aussi les milliards de tonnes de déchets industriels rejetés par les usines !
Hop, ni vu ni connu !
Sans oublier les fertilisants agricoles qui finissent toujours par se retrouver dans la mer !
RRRR
Hop, sous le tapis !
Ah, je crois qu'on a un petit problème avec la stagiaire, pas sûr qu'elle retourne au collège la semaine prochaine !
Pour un stage de 3e qui permet de ne plus jamais retourner au collège, balancez vos CV !

EN FINIR AVEC LES NOUVELLES TECHNOLOGIES

chef oui chef !
c'est les bou-rri-no-chefs !
la la la la la oui chef !
BOURRINOchefs
Bienvenue dans les Bourrinochefs, notre nouvelle rubrique cuisine !
Aujourd'hui, Lucie donne sa recette pour raffiner soi-même ses terres rares !
Nous aurons besoin d'un saladier contenant de la boue de terres rares non raffinées, d'une paille et de deux petites tasses contenant de l'acide phosphorique pour l'une et de l'hexafluorocilicate de sodium pour l'autre.
Que des bons produits ménagers qu'on a tous à la maison !
Pour commencer, on verse les deux tasses dans le saladier de boue.
On n'oublie pas de bien mélanger !
TCHAK TCHAK TCHAK
On souffle bien fort dans le mélange.
Regardez ! Les terres rares s'accrochent aux bulles et remontent à la surface !
À l'aide d'une écumoire, j'ai récupéré les terres rares encore pleines d'impuretés, que j'ai modelées en saucisses pour que ce soit plus appétissant.
PRT
On verse maintenant de l'acide sulfurique dans la lèchefrite pour se débarrasser du silicium et du fluor.
Mmh, ça fait envie !
On enfourne à 100 °C et on laisse une heure.
La boue qui reste est dangereuse, n'oubliez pas de tout jeter dans l'évier !
C'est prêt !
Attention à bien garder le masque, la fumée rend aveugle et provoque des œdèmes foudroyants.

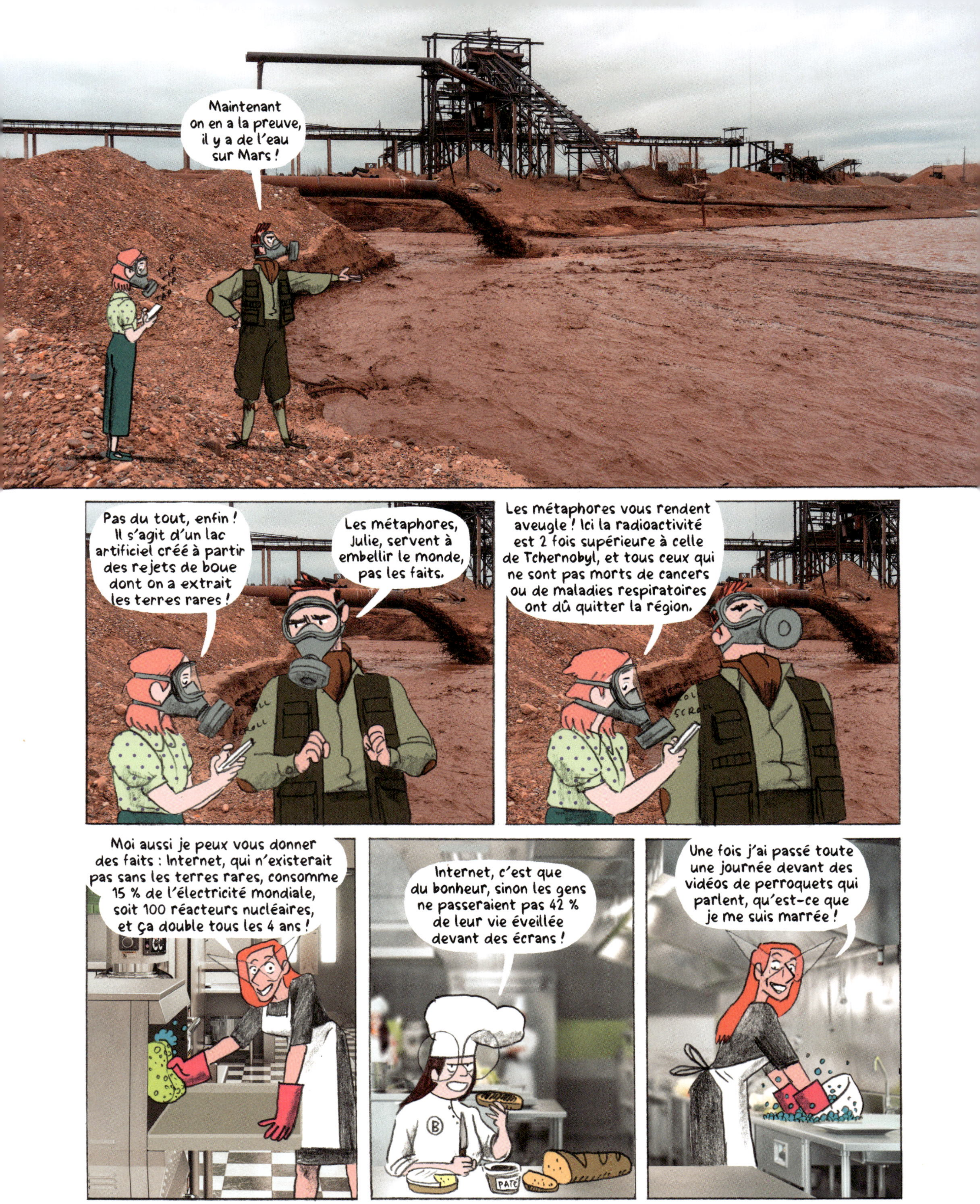
Maintenant on en a la preuve, il y a de l'eau sur Mars !
Pas du tout, enfin ! Il s'agit d'un lac artificiel créé à partir des rejets de boue dont on a extrait les terres rares !
Les métaphores, Julie, servent à embellir le monde, pas les faits.
Les métaphores vous rendent aveugle ! Ici la radioactivité est 2 fois supérieure à celle de Tchernobyl, et tous ceux qui ne sont pas morts de cancers ou de maladies respiratoires ont dû quitter la région.
Moi aussi je peux vous donner des faits : Internet, qui n'existerait pas sans les terres rares, consomme 15 % de l'électricité mondiale, soit 100 réacteurs nucléaires, et ça double tous les 4 ans !
Internet, c'est que du bonheur, sinon les gens ne passeraient pas 42 % de leur vie éveillée devant des écrans !
PÂTÉ
Une fois j'ai passé toute une journée devant des vidéos de perroquets qui parlent, qu'est-ce que je me suis marrée !

En exclusivité pour les Bourrinologues, nous sommes en visio avec Larry Page, cofondateur de Google, 7e fortune mondiale.
Hello les Bourrinados !
Je peux lui poser une question ?
Bonjour, je suis Julie, stagiaire de 3e.
Les nouvelles technologies peuvent-elles sauver le monde ?
Nous rendons Internet chaque jour plus addictif. À la maison avec ma femme, nous interdisons à nos enfants d'utiliser les écrans, j'imagine que tous les parents responsables font la même chose !
Oui, mais vous n'avez pas répondu à ma question !
Oups, désolé Julie ! Pouvez-vous la répéter ?
Est-ce que les nouvelles technologies peuvent...
BLBLBLBLBLB
FLBLBLE
Bien sûr qu'on va sauver le monde !
Moi-même j'ai fait mettre des panneaux solaires sur le toit de ma maison de 557 m². J'imagine que tous les parents responsables font la même chose.
Si vous voulez faire un stage de 3e qui vous permette un jour de devenir rédacteur en chef des Bourrinologues, envoyez vos CV !

EN FINIR AVEC LES PETITES FERMES

Hé oui, Nickye Rino, la ferme Almarai abrite 93 711 vaches ultra-chouchoutées par 2 750 employés qui n'ont qu'une mission…
… produire 41 l de lait par jour et par vache, soit 1,2 milliard de litres par an, soit à peine un verre par être humain sur terre.
OK, c'est pas bio, mais franchement, c'est pas loin.
Olala, il fait une chaleur épouvantable.
L'Arabie saoudite, c'est 50 °C toute l'année…
On n'est pas chez ta mère à Neuilly.
Vous êtes sûre que c'est aux normes ?
Mais oui, tout est prévu. Les vaches ont la clim à 30 °C, et des douches fraîches 2 fois par jour.
Avec la chaleur, elle mettent 15 minutes à sécher, on n'a pas besoin de les essuyer avec une serviette !
Et qu'est-ce qu'elles mangent toutes ces vaches ?
Hé bien, 1 000 tonnes par jour de bonne herbe produite localement, en plein désert.

Chaque année, la ferme Almarai produit 400 000 tonnes de luzerne, 300 000 tonnes de maïs, 30 000 tonnes de foin.
20 000 rotations de camions par an sont nécessaires pour tout ramener à la ferme, et ça dans un rayon de 900 km !
Vas-y Baudouin, pose-lui la question que tu as préparée avec ta prof de SVT.
Euh... Monsieur le sultan bin Mohammed bin Saud Al Kabeer, comment faites-vous pousser tout ça en plein désert ?
Nous, en Arabie saoudite, quand on veut quelque chose, on l'obtient.
Oui mais concrètement ?
On arrose tout ça de pétrole, on met le feu et ça pousse !
QUOI ???
Mais c'est contraire à toutes les normes agricoles en vigueur dans le monde !
Il plaisante, voyons !
C'est beaucoup plus simple, on répand 11 000 tonnes d'engrais par an, associées à des forages à 2 km sous terre qui vident les nappes phréatiques !
Ah ben ça me rassure !

Si je compte bien, pour obtenir 1 litre de lait, ils utilisent 350 litres d'eau ! En plein désert, quelle prouesse !
Et en plus ce lait est parmi les moins chers du monde, c'est pas formidable ?
Y a juste un truc qui me chagrine : pour produire du lait, les vaches doivent d'abord avoir un petit veau.
Mais oui c'est vrai, je n'en ai pas vu un seul de toute la visite. Que deviennent-ils ?
Si ce sont des femelles, elles deviendront à leur tour des vaches laitières.
Et si ce sont des mâles ?
Une grosse pince les emmène faire un service civique dans les abattoirs.
Un service civique ???
DZIIII
N'importe quoi, les vaches ne font pas de service civique...
DZIIII
HÉ !
Encore un qui ne fera pas son rapport de stage.
Quel flemmard !
Rassurez-vous les Bourrinados, tous nos stagiaires de 3e ne terminent pas à l'abattoir ! Alors on attend vos milliers de lettres de motivation !

EN FINIR AVEC LE VRAI BIO

Les tomates sont arrosées par un dense réseau d'arrosage goutte à goutte.
Pompe
Réserve d'eau
Mais d'où vient cette eau ? C'est super sec ici.
Mmh quel délice ! ©
Détrompe-toi Leïla ! Autrefois, il y avait plein d'eau dans les nappes phréatiques.
Mais les serres ont tout pompé, les cours d'eau se sont asséchés et l'eau de mer s'est infiltrée dans les nappes, qui sont devenues inutilisables...
Principe d'une usine de dessalement d'eau de mer
Piston
Membrane
Eau pure
Station de pompage
Filtres
Dépôt de sel
Mer salée
Dans les années 1990, on a construit plein d'usines de dessalement d'eau de mer et les serres ont tout envahi ! Depuis 10 ans, la demande et la production de tomates bio explosent.
Et c'est pas près de s'arrêter, parce qu'avant de vider la Méditerranée...
Mais le bio, c'est pas ça du tout !
Le bio, c'est le respect des rythmes de la nature, les circuits courts, des conditions de travail décentes pour les saisonniers !
C'est pas grave, c'est bio quand même, quel délice ! ©

Bonjour, je peux vous poser des questions pour mon stage ?
Oui, mais je dois continuer à travailler.
Vous ne pouvez pas faire de pause ?
PLASTIQUE
On a droit à 1/2 h par jour, je préfère en profiter pour manger.
CLIC
C'est pas trop dur, votre travail ?
On n'en ramasse jamais assez, des tomates. Parfois on fait des journées de 21 heures !
Lui, il pulvérise du soufre pour que les tomates n'attrapent pas l'oïdium, mais il met des sacrées doses et nous, on se chope des maladies de peau et des maladies respiratoires...
Nan mais elle va bosser la feignasse ?
Enfin monsieur, c'est la stagiaire des Bourrinologues !
Pardon mademoiselle, je suis le contremaître, je vous avais pris pour une Marocaine.
Pour m'excuser, je vous fais visiter l'usine d'emballage, venez !

me gusta la naturaleza!©
¡qué delicia!©
J'aime la nature!©
I love nature!©
What a delight!©
Les camions vont faire des milliers de kilomètres à travers toute l'Europe !
Grâce aux serres espagnoles, on peut manger des tomates bio en toute saison, même à Noël !
T'as pas vu ma stagiaire ? Je l'ai perdue.
Je suis pas responsable de tes affaires.
On visitait l'usine d'emballage et puis pfiout ! Plus personne !
Ce matin, j'ai acheté une barquette dans ma grande surface locale, j'ai hâte d'enlever l'emballage plastique respirant pour les goûter !
TOMATE QUÉ DÉLICE
Mmmh...
Beeeurk, elles ont pas de goût !
Dites, vous l'avez retrouvée, la stagiaire ? Parce que j'ai son foulard ici...
Chers Bourrinados, si vous aimez la nature ©, faites un stage avec nous, c'est un vrai délice © !

EN FINIR AVEC LES GLACES

MESURES QUOTIDIENNES DES GLACES DE L'ARCTIQUE EN 2018
D'ici 30 ans, 90% de la banquise fondront tous les été. Moi qui rêve de faire du jet-ski au pôle Nord !
Et si c'est toutes les glaces du Groenland qui fondent, le niveau des mers montera de 7 mètres 50.
Terres émergées en 2020
Terres émergées après la fonte des glaces
50 % de la population mondiale vit à moins de 100 km des côtes, ça leur fera moins loin pour aller à la plage !
Avec Alex nous sommes à la COP 25, il paraît qu'ils sont sur le point de signer un accord de réduction des émissions de CO_2 !
Ça va pas marcher parce que les COP ça sert à rien.
Ah c'est pour ça ton tee-shirt ?
Ouais, tu veux le même?
COP25
Des manchots sont venus spécialement d'Antarctique car ils sont en voie d'extinction.
Vous avez fait du covoiturage ?
Hinhin, HDV !
Vous auriez dû rester chez vous, les COP c'est nul.
S'ils ne font rien, on fait péter la bourse de Wall Street !
Et c'est pas des paroles en l'air.
COP = CACA

Je suis fière d'annoncer que notre pays s'engage à baisser drastiquement ses émissions de CO_2.
COP25 MARSHALL ISLANDS
Ah c'est génial, je suis hyper ému !
COP = CACA
C'est la présidente des îles Marshall, ils ne sont responsables que de 0,00001 % du réchauffement climatique.
Ben c'est pour ça que je suis ému !
En plus ils n'ont pas le choix, leur archipel culmine à 10 mètres, ils seront bientôt sous les eaux.
Ça tombe bien, c'est la sécheresse là-bas !
Hinhinhin, HDV.
OUUUH ! ILS SONT OÙ, LES CHEFS D'ÉTAT DES GROS PAYS ?
Qu'est-ce que ça peut vous faire les manchots ? Vous serez relogés avec les habitants des îles Marshall !
Ils adorent les pingouins dans votre genre.
Cassons-nous, allons faire sauter Wall Street.
Bonne idée, je vous suis!
Il veut mon aile dans la tronche celui-là ?
Et c'est pas des paroles en l'air.

Des scientifiques ont foré sous la banquise. À l'intérieur, ils ont trouvé des billes et des filaments de plastique.
Les microparticules de plastique sont transportées par les vents et retombent quand il neige. On trouve jusqu'à 14 400 particules de plastique par litre de glace.
C'est notre stagiaire qui va être content de recycler tout ça !
D'ailleurs il est où ?
Il est parti à Wall Street avec les manchots !
ALEX !
Oh le gros bout de plastique pris dans la glace !
Encore un qui ne finira jamais son rapport de stage !
Si vous aussi vous voulez mal finir dans un épisode des Bourrinologues, envoyez votre CV pour un stage de 3e !
On accepte aussi les 4e parce qu'on manque de candidats !
Hinhin, HDV !

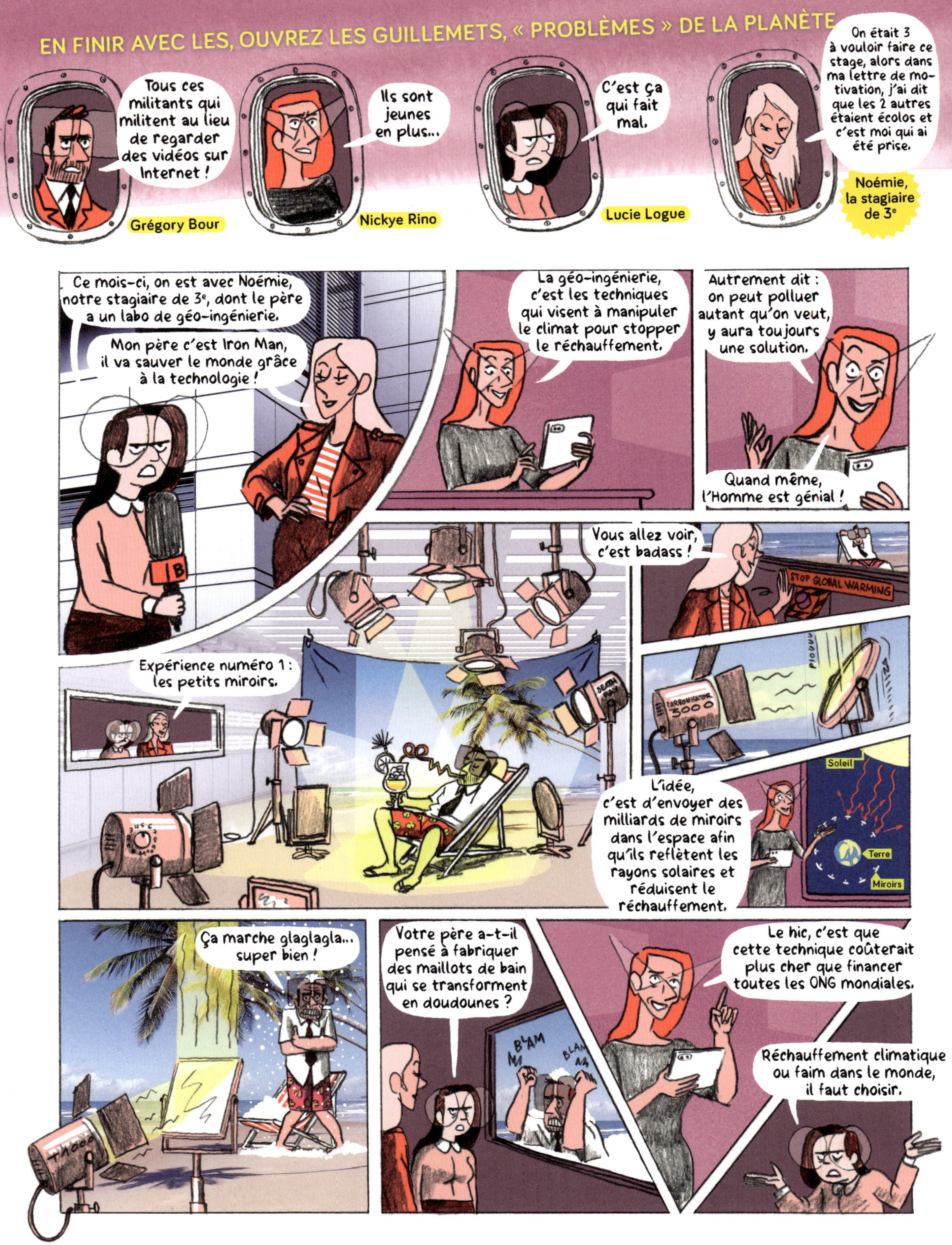
EN FINIR AVEC LES, OUVREZ LES GUILLEMETS, « PROBLÈMES » DE LA PLANÈTE
Tous ces militants qui militent au lieu de regarder des vidéos sur Internet !
Grégory Bour
Ils sont jeunes en plus...
Nickye Rino
C'est ça qui fait mal.
Lucie Logue
On était 3 à vouloir faire ce stage, alors dans ma lettre de motivation, j'ai dit que les 2 autres étaient écolos et c'est moi qui ai été prise.
Noémie, la stagiaire de 3e
Ce mois-ci, on est avec Noémie, notre stagiaire de 3e, dont le père a un labo de géo-ingénierie.
Mon père c'est Iron Man, il va sauver le monde grâce à la technologie !
La géo-ingénierie, c'est les techniques qui visent à manipuler le climat pour stopper le réchauffement.
Autrement dit : on peut polluer autant qu'on veut, y aura toujours une solution.
Quand même, l'Homme est génial !
Vous allez voir, c'est badass !
STOP GLOBAL WARMING
Expérience numéro 1 : les petits miroirs.
L'idée, c'est d'envoyer des milliards de miroirs dans l'espace afin qu'ils reflètent les rayons solaires et réduisent le réchauffement.
Soleil
Terre
Miroirs
Ça marche glaglagla... super bien !
Votre père a-t-il pensé à fabriquer des maillots de bain qui se transforment en doudounes ?
BLAM
BLAM
Le hic, c'est que cette technique coûterait plus cher que financer toutes les ONG mondiales.
Réchauffement climatique ou faim dans le monde, il faut choisir.

VROOOOOO
Expérience numéro 2 : le sulfate de fer.
L'idée, c'est de déverser des tonnes de sulfate de fer dans les océans pour stimuler la croissance du phytoplancton qui absorbe naturellement du CO_2 et en absorbera alors beaucoup plus.
Énergie solaire
CO_2 atmosphérique
CO_2 dissous
Le plancton utilise des carbonates pour faire son squelette
Carbonate
Matière organique
Séquestration du carbone
Quand même, l'Homme est génial !
Fini le seum !
STOP GLOBAL W
BIP!
DZII
Hyperstylé !
BRRRR
CLIC!
TOING
Ça maaarche !!!
POF
Mince, tous les poissons crèvent !
VROOOO
VROOAOA
PAF
Réchauffement climatique ou fin des poissons, il faut choisir.
STOP GLOBAL WARMING

Expérience numéro 3 hyperstylée : l'éruption volcanique.
J'ai reconstitué une ville qui a été détruite par l'éruption du Vésuve en 79 après J.-C.
J'ai pas entendu merci !
L'idée, c'est de simuler une éruption volcanique de grande ampleur en déversant des millions de tonnes de dioxyde de soufre dans l'atmosphère. Ainsi le rayonnement solaire sera stoppé net et la Terre sera sauvée.
Réflexion
Cendres + soufre
Absorption
Volcan
Baisse de la température au sol
J'avoue, c'est trop bien !
PAF
Quand même, l'Homme est génial !
BRAAAÖUUM !!!
BIP!
Super le masque à gaz doudoune !
Pompéiii ! Anéantie une seconde fois !
Le dioxyde de soufre engendre des pluies acides qui feront disparaître toute vie sur terre.
SO_2
Cl_2
CO_2
Cendres
HCL
HF
Pluies acides
Hahaha, ça va trop faire le buzz sur TikTok !
STOP GLOBAL WARMIN
Réchauffement ou vie sur terre, il faut choisir !

En exclu pour les Bourrinologues, voici la dernière invention géniale de mon daron : envoyer un missile sur la Lune pour stabiliser l'axe de rotation de la Terre !
Des études montrent en effet que la Lune stabilise l'inclinaison de notre planète, ce qui atténue aussi le réchauffement climatique.
En toute logique, si on bidouille un truc avec la Lune, on sauve la Terre !
Quand même, l'Homme est génial !
Oui, mais ça peut aussi avoir l'effet inverse !
HA!
Oups !
C'est quoi ce bouton?
Oh non, la lose !
Ben Lucie, faites attention !
Entre réchauffement climatique et catastrophe planétaire, il faut choisiiiiiir !
Oups !
Si vous et moi sommes encore là le mois prochain, envoyez votre candidature pour un stage de 3e !

EN FINIR AVEC LE MONDE SAUVAGE

Alors là, grosse coïncidence, car je suis justement dans une tribu hadzabe avec Subiani qui m'apprend à faire du feu pour allumer une bougie en cas de coupure d'électricité !
Tuer un lion pour le plaisir ne nous viendrait pas à l'esprit.
Vous avez inventé le mot « sauvage » car vous avez déserté le monde naturel.
Ah nan, une intello !
Chez nous, la propriété privée n'existe pas, notre société égalitaire vit en communion avec la nature qui nous donne juste ce dont on a besoin.
Moi aussi madame, je prélève juste ce dont j'ai besoin pour mettre sur le mur de mon salon.
Heureusement pour nous, le mode de vie de Subiani, qui était ultramajoritaire il y a 10 000 ans, a quasiment disparu !
La tendance s'est renversée, comme quoi il ne faut jamais désespérer !
Aujourd'hui, la Tanzanie force les Hadzabe à se sédentariser pour occuper des emplois dignes de ce nom, et leurs territoires ancestraux sont défrichés pour faire pousser du maïs et des oignons.
Les Hadzabe nomades, il en reste moins que des lions en liberté.

TCHIK
WOOF
Yes !
Quel métier faites-vous ?
Appelez-moi Walter ! Je suis dentiste.
J'aime pas les dentistes.
Il faut se rendre à l'évidence, les Hadzabe !
Ceux qui ont gagné, ce sont les dentistes comme Walter !
Grâce à eux, l'humain est devenu une force aussi puissante que les forces de la nature elle-même !
Depuis la fin du XIXe siècle avec la révolution industrielle, il fait surgir une nouvelle ère géologique.
Il a inscrit à tout jamais sa présence dans les couches sédimentaires.
Nous voici à l'ère de l'humain : l'anthropocène.
Les baléontologues du mutur découmriront blus de blachtique que de rechtes jumains fochilizés !
Mais c'est pas l'anthropocène, c'est le poubellien votre truc !
DÉJÀ LA FIN!

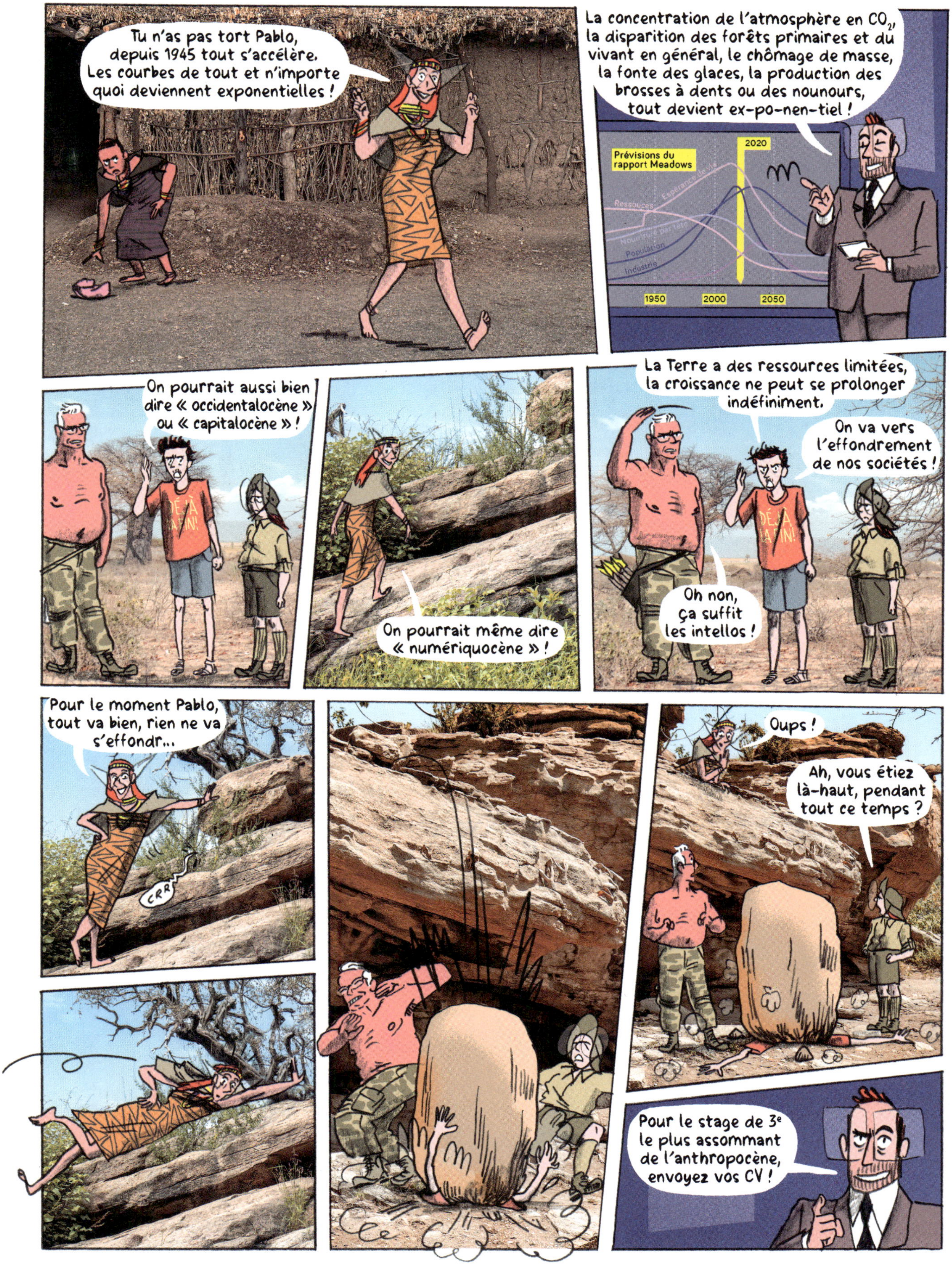
Tu n'as pas tort Pablo, depuis 1945 tout s'accélère. Les courbes de tout et n'importe quoi deviennent exponentielles !
La concentration de l'atmosphère en CO_2, la disparition des forêts primaires et du vivant en général, le chômage de masse, la fonte des glaces, la production des brosses à dents ou des nounours, tout devient ex-po-nen-tiel !
Prévisions du rapport Meadows
2020
1950
2000
2050
On pourrait aussi bien dire « occidentalocène » ou « capitalocène » !
DÉJÀ LA FIN!
On pourrait même dire « numériquocène » !
La Terre a des ressources limitées, la croissance ne peut se prolonger indéfiniment.
On va vers l'effondrement de nos sociétés !
Oh non, ça suffit les intellos !
Pour le moment Pablo, tout va bien, rien ne va s'effondr...
CRR
Oups !
Ah, vous étiez là-haut, pendant tout ce temps ?
Pour le stage de 3e le plus assommant de l'anthropocène, envoyez vos CV !

DES MÊMES AUTEURS

Aux éditions FLBLB

- *Voyages en Égypte et en Nubie de Giambattista Belzoni* (3 tomes)

Aux éditions Delcourt

- *Vent Debout* (à paraître)

CRÉDITS PHOTOGRAPHIQUES

Première de couverture : Planète Terre © 1xpert – stock.adobe.com / Lune © Studio Empreinte - stock.adobe.com

Page 5 : cases 1 à 3 © Beboy – stock.adobe.com / case 4 © trongnguyen – stock.adobe.com / cases 5 à 7 © kalafoto – stock. adobe. com / cases 8 et 9 © Vitaliy Hrabar – stock.adobe.com / case 10 © DeshaCAM – stock.adobe.com
Page 6 : cases 1 et 5 © Gilles PARNALLAND – stock.adobe.com / cases 2 à 4, 6 et 8 © DeshaCAM – stock.adobe.com / case 7 © gnep-photo – stock.adobe.com
Page 7 : © DeshaCAM – stock.adobe.com

Page 10 : case 2 © Arian Zwegars, *Moynaq*, Aral Sea (CC-BY, œuvre modifiée) / cases 3 et 4 © Nasa / case 4, droite © NASA Goddard Space Flight Center, *Shrinking Aral Sea* (CC-BY, œuvre modifiée).
Page 11 : case 1, décor © bortnikau – stock.adobe.com, personnage © Robert L. Knudsen / cases 2. 3 et 5, personnage © Gary Todd / case 4 © manhhai, *1975 Leonid Brezhnev during talks with Le Duan* (CC-BY, œuvre modifiée) / case 5, décor © bortnikau – stock. adobe.com - case 6 © Oliver F. Atkins.
Page 12 : case 4 © Ninara, *From Osh to Toktogul, Kyrgyzstan* (CC-BY, œuvre modifiée) / case 7 © Oliver F. Atkins / case 9, personnage © David Molloy photography, *2017.05.26.12.31.34-Alex Sutherland wedge 4-0005* (CC-BY, œuvre modifiée), décor © Arian Zwegars, Moynaq, Aral Sea (CC-BY, œuvre modifiée).
Page 13 : case 2 © Shuhrataxmedov (CC) / case 3 © Kimberly Vardeman, *Cotton Harvest* (CC-BY, œuvre modifiée) – cases 5, 7, 8 et 9 © Arian Zwegers, *Moynaq, Aral Sea* (CC-BY, œuvre modifiée).

Page 12 : case 1 haut © Dying Regime (CC-BY, œuvre modifiée), bas © Gerry & Bonni, Trash on beach (CC-BY, œuvre modifiée) / case 2 © Dying Regime (CC-BY, œuvre modifiée) / case 3 © Shafiu Hussain, Mountain of Plastic Bottles, (CC-BY, œuvre modifiée) - case 4 © Adam Levine (CC-BY, œuvre modifiée).
Page 13 : cases 2 et 4 © Dying Regime (CC-BY, œuvre modifiée).
Page 14 : case 1 © Fizan, Aerial view of Thilafushi / case 2 © Nattu, Male', the capital of Maldives (CC-BY, œuvre modifiée).
Page 15 : case 2 © Kzaral, Paradise Beach, Yoron (CC-BY, œuvre modifiée) / case 5 © IWRM AIO SIDS, Clean Up the World 2014 – Seychelles / case 7 © Adam Levine (CC-BY, œuvre modifiée).

Page 18 : cases 1 et 2 © Zdenko Somorovsky – stock.adobe.com / cases 5, 7 et 8 © Wil.Amaya – stock.adobe.com / case 6 © elleonze-bon – stock.adobe.com.
Page 19 : cases 1 et 3 © Marcos Mello – stock.adobe.com / cases 4 et 5 © Kimpin – stock.adobe.com.
Page 20 : © Olexandr – stock.adobe.com.
Page 21 : cases 1 à 3 © ID1974 – stock.adobe.com.

Page 22 : cases 1 à 3 et 10 © peangdao – stock.adobe.com / cases 5, 8 et 9 © pascalcribier – stock.adobe.com.
Page 23 : cases 1, 2 et 7 © peangdao – stock.adobe.com / case 3 © Nightman1965 – stock.adobe.com / case 4 © Gorodenkoff – stock. adobe.com / case 6 © pascal cribier – stock.adobe.com / case 8 © whitcomberd – stock.adobe.com.
Page 24 : cases 1, 4, 6, 9 à 11 © artifirsov – stock.adobe.com / cases 3 et 7 © peangdao – stock.adobe.com.
Page 25 : cases 1 à 3, 6, 8, 9 et 11 © peangdao – stock.adobe.com / cases 5, 10 et 13 © pascal cribier – stock.adobe.com.

Page 26 : cases 1 à 3 © LRafael – stock.adobe.com / cases 4 à 6 © Dusko – stock.adobe.com
Page 27 © sveta – stock.adobe.com
Page 28 : cases 1 à 3 © Evgeny – stock.adobe.com / cases 4 à 6 © sveta – stock.adobe.com
Page 29 : cases 1, 3, 5, 6 et 7 (décor), cases 2 et 4 (arrière-plan téléphone) © Roman – stock.adobe.com / cases 1, 3, 5 et 8 (portrait) © Herkko Hietanen, *Larry Page* (CC-BY, oeuvre modifiée) / cases 1, 3, 5 (arrière-plan téléphone), cases 2, 4 et 8 (décors) © Lucie Castel / case 9 © sveta – stock.adobe.com

Page 30 : cases 1 à 7 © Yadamons – stock.adobe.com / case 11 © Mulderphoto – stock.adobe.com.
Page 31 : cases 1, 2, 4 et 5 © U.S. Deparment of agriculture / case 6 © guerrieroale – stock.adobe.com / case 8 © Sam Beebe (CC-BY, œuvre modifiée).
Page 32 : case 1 © Tristan Ferne, *Field* (CC-BY, œuvre modifiée) / case 2 © ThomasLENNE – stock.adobe.com / case 3 © Mike_fleming, *Desert* (CC-BY, œuvre modifiée) / cases 4 à 7 © Oh Paris, *Seating Area, Palace of Versailles, Paris* (CC-BY, œuvre modifiée).
Page 33 : case 1 © U.S. Deparment of agriculture / cases 2 à 8 © Yadamons – stock.adobe.com.

Page 34 : cases 1 à 3 © Caterina_Pak – stock.adobe.com / cases 5 à 8 © Alice_D – stock.adobe.com.
Page 35 : cases 2 et 7 © uslan_shramko – stock.adobe.com / case 3 © philipus – stock.adobe.com / case 4 © visualpower – stock. adobe.com.
Page 36 : cases 1, 2, 4 et 6 à 9 © Sergey Bezverhiy – stock.adobe.com / cases 3 et 5 © Caterina_Pak – stock.adobe.com.
Page 37 : case 1 © Ivan – stock.adobe.com et © Yuriy Shevtsov – stock.adobe.com / cases 2 et 3 © Nana – stock.adobe.com.

Page 38 : case 1 © Kris Grabiec – stock.adobe.com / cases 2 à 4 et 7 © Maridav – stock.adobe.com / case 5 © Leonid Ikan – stock. adobe.com.
Page 39 : cases 3 à 5, décor © Pavel Losevsky – stock.adobe.com / cases 4 et 5, manchots © Alexey Seafarer – stock.adobe.com.
Page 40 : cases 2 à 5, décors © Pavel Losevsky – stock.adobe.com / cases 2 à 5, manchots © Alexey Seafarer – stock.adobe.com.
Page 41 : case 1 © IzzetNoyan – stock.adobe.com / case 2 © Martin Wagner et al., *Microplastics in sediments from the river Elbe* (CC-BY, œuvre modifiée) / cases 3, 5 et 7 © Maridav – stock.adobe.com / cases 4 et 8 © Pavel Losevsky – stock.adobe.com.

Page 42 : case 1 © Tiberius Gracchus – stock.adobe.com / case 4 © phonlamaiphoto – stock.adobe.com et © Marc Rigaud – stock. adobe.com / cases 5 à 9 © Marc Rigaud – stock.adobe.com.
Page 43 : © magann – stock.adobe.com.
Page 44 : case 1 © BUDDEE – stock.adobe.com et © Tony Northrup – stock.adobe.com / cases 4 à 9 © Lucie – stock.adobe. com.
Page 45 : cases 1 à 6 © kosmos111 – stock.adobe.com / case 7 © ID1974 – stock.adobe.com.

Page 46 : cases 1 à 3 (décor) © katiekk2 – stock.adobe.com / cases 2 à 4 (lions) © Eric Isselée – stock.adobe.com / cases 4 à 9 (décors) © Juan – stock.adobe.com.
Page 47 : cases 1 à 6 © Иван Грабилин – stock.adobe.com / cases 3, 5 et 9 (décors) © Juan – stock.adobe.com / case 7 (haut) © DisobeyArt – stock.adobe.com / case 7 (bas) © amorn – stock.adobe.com / case 8 (haut) © michaeljung – stock. adobe.com / case 8 (bas) © JackF – stock.adobe.com / case 9 (lion) © Eric Isselée – stock.adobe.com.
Page 48 : cases 1, 2, 4, 6 et 9 © Иван Грабилин – stock.adobe.com / case 3 (décor) © Juan – stock.adobe.com / case 3 (lion) © Eric Isselée – stock.adobe.com / case 5 (gauche) © VanderWolf Images – stock.adobe.com / case 5 (droite) © PACO COMO – stock.adobe. com / cases 7 et 10 © Juan – stock.adobe.com / case 8 © Mak – stock.adobe.com.
Page 49 : cases 1, 4, 6 et 7 © Иван Грабилин – stock.adobe.com / cases 3 et 5 © Juan – stock.adobe.com / cases 8 et 9 ©Tanya Keisha – stock.adobe.com.

MAYDAY

ILS FONT PARTIE DE LA BANDE !

À RETROUVER CHEZ TON LIBRAIRE !

BANDE D'ADOS